de coração

desejo-lhe um Natal cheio de paz,
amor e felicidade!
Com estima,

Feliz Natal!
de coração

Organização de
LEONILDA MENOSSI

Paulinas

O anjo Gabriel foi enviado por Deus
a uma cidade da Galileia, chamada Nazaré,
a uma virgem prometida em casamento
a um homem de nome José, da casa de Davi.
A virgem se chamava Maria.
O anjo entrou onde ela estava e disse:
"Alegra-te, cheia de graça! O Senhor está contigo".
Ela perturbou-se com estas palavras
e começou a pensar qual seria o significado da saudação.

O anjo, então, disse: "Não tenhas medo, Maria!
Encontraste graça junto a Deus.
Conceberás e darás à luz um filho,
e lhe porás o nome de Jesus.
Ele será grande; será chamado Filho do Altíssimo,
e o Senhor Deus lhe dará o trono de Davi, seu pai.
Ele reinará para sempre sobre a descendência de Jacó,
e o seu reino não terá fim".

(Lucas 1,26-33)

Natal é tempo
de olhar para trás e para os lados
e enxergar irmãos e irmãs
que não têm o que comer, nem o que vestir,
nem o aconchego e o carinho de um lar.
Abramos nossas mãos e o nosso coração,
num gesto largo de amor, de doação, de solidariedade.
Então, sim, o Natal será para nós
celebração autêntica e sincera
do nascimento de Jesus, que veio a este mundo
para que todos tenham vida, e a tenham em abundância.

NATAL:
Festa da família,
de ceias fartas e alegres.
Da reunião de amigos,
do encontro com quem estava longe,
longe talvez do nosso coração,
mas agora reconciliado, perdoado,
integrado no círculo de nossa amizade
e nas alegrias de nossos encontros.
Tudo isso porque o Natal tem sua razão de ser
na celebração da vinda do Salvador de todos nós,
Jesus Cristo, o Filho de Deus.

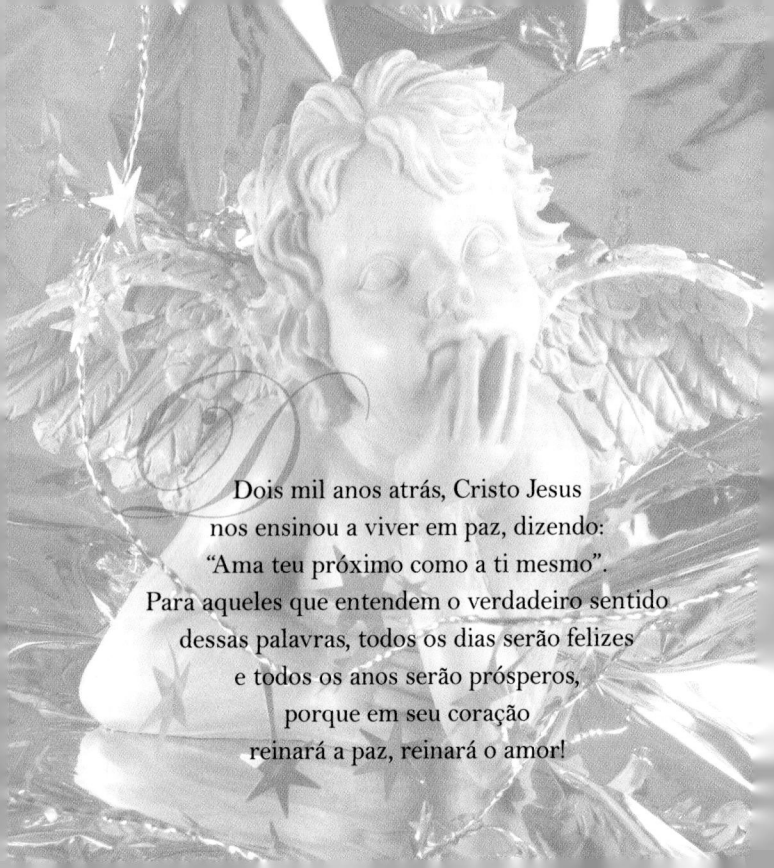

Dois mil anos atrás, Cristo Jesus
nos ensinou a viver em paz, dizendo:
"Ama teu próximo como a ti mesmo".
Para aqueles que entendem o verdadeiro sentido
dessas palavras, todos os dias serão felizes
e todos os anos serão prósperos,
porque em seu coração
reinará a paz, reinará o amor!

Com Jesus
renasce a esperança
nos corações sofridos,
necessitados de paz
e salvação.

Que este Natal e Ano-Novo sejam mais
que festas de confraternização,
pois todos os momentos deverão ser
iluminados e abençoados.
Que o ano inteiro seja de busca da paz,
conquista, compreensão, prosperidade.

Que o espírito de Natal
do Cristo vivo que vai nascer
permaneça para sempre em cada um de nós.
E irradie luz, paz, saúde e, sobretudo,
muito amor, sabedoria e otimismo!

O anjo disse a Maria:
"O Espírito Santo descerá sobre ti,
e o poder do Altíssimo te cobrirá com a sua sombra.
Por isso, aquele que vai nascer
será chamado Santo, Filho de Deus".

Maria respondeu:
"Eis aqui a serva do Senhor!
Faça-se em mim segundo a tua palavra".
(CF. LUCAS 1,34-38)

Dar um cobertor a quem tem frio;
dar comida a quem tem fome;
dar um abraço a quem tem solidão:
isso é Natal.
Deixemos que neste Natal
a solidariedade toque nosso coração.

Que a fé
e a esperança
no futuro
possam reviver
a cada dia
no seu coração.

Que o Natal lhe propicie
o prazer de poder sonhar,
e que a vida lhe dê oportunidades
para realizar esses sonhos.

Natal! Tempo de nos dispormos
ao perdão, à reconciliação,
porque Natal é sinônimo de amor incondicional.
Foi esse mesmo amor que fez Jesus descer do céu
para morar no meio de nós.

Naqueles dias,
Maria partiu apressadamente
a uma cidade de Judá.
Ela entrou na casa de Zacarias e saudou Isabel.
Quando Isabel ouviu a saudação de Maria,
a criança pulou de alegria em seu ventre,
e Isabel ficou repleta do Espírito Santo.
Com voz forte, ela exclamou:

"Bendita és tu entre as mulheres
e bendito é o fruto do teu ventre!
Como mereço que a mãe do meu Senhor
venha me visitar?
Logo que a tua saudação ressoou nos meus ouvidos,
o menino pulou de alegria no meu ventre.
Feliz aquela que acreditou,
pois o que lhe foi dito da parte do Senhor
será cumprido!"
(Lucas 1,39-45)

Neste Natal quero estar mais junto
de meus familiares e amigos,
quero partilhar com eles a luta pela vida,
as esperanças e conquistas,
enfim, as alegrias, mais intensas
e saborosas, porque compartilhadas.

NATAL é tempo de sermos parceiros,
companheiros, de não magoar ninguém,
de estar em paz com a vida,
de compreender e saudar a todos
com um FELIZ NATAL!

Enchamos de amor
nosso coração neste Natal!
Façamos todo o possível
para ver o nosso próximo feliz,
sem poupar esforços
para ajudar os outros.

Que nossas mãos possam ser portadoras
de paz, de afagos, de carinho...
Que brote delas os mais límpidos sentimentos
de bálsamo, de alívio, de força...
Que possam ser espraiados na terra árida,
fazendo germinar amor entre as pessoas,
multiplicando cada melhor essência de nós,
fazendo-nos fortes em meio às tempestades,
deixando-nos ver o Sol que nasce,
que rompe a noite, que se faz dia,
que se faz belo, que se faz vida,
que se chama
Amor!

Que mais posso desejar de melhor a você,
senão que este Natal
seja um dos melhores de sua vida,
e que o novo ano
seja o melhor de todos já vividos?
Que o Deus Menino torne realidade
estes meus desejos
e concretize meus votos!

É importante celebrar
o Natal em clima de amor,
pois Jesus é amor.
É bom lembrar-se dos amigos:
refazer amizades, anular distâncias
pelo calor da proximidade, do clima de perdão.
Só assim podemos dizer:
Feliz Natal!

Maria então disse:
"A minha alma engrandece o Senhor,
e meu espírito se alegra em Deus, meu Salvador,
porque ele olhou para a humildade de sua serva.
Todas as gerações, de agora em diante,
me chamarão feliz,
porque o Poderoso fez para mim coisas grandiosas.
O seu nome é santo,
e sua misericórdia se estende
de geração em geração sobre aqueles que o temem.

Ele mostrou a força de seu braço:
dispersou os que têm planos orgulhosos no coração.
Derrubou os poderosos de seus tronos
e exaltou os humildes.
Encheu de bens os famintos,
e mandou embora os ricos de mãos vazias.
Acolheu Israel, seu servo,
lembrando-se de sua misericórdia,
conforme prometera a nossos pais, em favor de Abraão
e de sua descendência, para sempre".
(Lucas 1,47-55)

O nascimento de Jesus
é mais que um convite:
é uma ordem para pedirmos
por todos os irmãos,
unidos num só coração.

A melhor mensagem de **Natal**
é aquela que sai em silêncio
de nosso coração
e aquece com ternura
o coração daqueles
que nos acompanham
em nossa caminhada pela vida.

Natal é a proposta concreta e feliz
de paz e esperança que Deus nos faz,
no Deus Menino,
que repousa nos braços de Maria.

Natal é sempre um convite
para o reencontro,
no mais largo gesto de acolhida
aos irmãos,
para celebrar
a fraternidade e a paz.

Naqueles dias, saiu um decreto do imperador Augusto
mandando fazer o recenseamento de toda a terra [...].
Todos iam registrar-se, cada um na sua cidade.
Também José, que era da família
e da descendência de Davi,
subiu da cidade de Nazaré, na Galileia,
à cidade de Davi, chamada Belém, na Judeia,
para registrar-se com Maria,
sua esposa, que estava grávida.

Quando estavam ali,
chegou o tempo do parto.
Ela deu à luz o seu filho primogênito,
envolveu-o em faixas
e deitou-o numa manjedoura,
porque não havia lugar para eles
na hospedaria.
(Lucas 2,1-7)

Podemos sentir que,
quando o Natal se aproxima,
uma certa ternura vai envolvendo a todos.
O ar fica carregado de uma grande expectativa.
O Natal cultiva em todos
um sentimento muitas vezes esquecido,
como o amor ao próximo.

Que a celebração da festa de Natal
encha nosso coração da mais pura alegria,
do mais autêntico amor e da autêntica paz!
Que sua casa mantenha
bem viva a esperança
sempre nova do espírito de Natal.

Natal evoca alegria,
amor fraterno, solidariedade.
No Natal comemoramos o nascimento
da mais bela criatura:
Jesus, o Filho de Deus.

Jesus está na manjedoura
de todas as cores, raças e idades,
nos sonhos de todo o universo,
na luta de cada dia,
nos olhos dos que dão adeus a mais um ano.
Mãos e corações se unem
na construção de uma nova humanidade
mais solidária.
Assim, Cristo renasce em cada amanhecer.

Havia naquela região pastores
que passavam a noite nos campos,
tomando conta do rebanho.
Um anjo do Senhor lhes apareceu,
e a glória do Senhor os envolveu de luz.
Os pastores ficaram com muito medo.
O anjo então lhes disse:

"Não tenhais medo!
Eu vos anuncio uma grande alegria,
que será também a de todo o povo:
hoje, na cidade de Davi,
nasceu para vós o Salvador, que é o Cristo Senhor!
E isto vos servirá de sinal:
encontrareis um recém-nascido,
envolto em faixas e deitado numa manjedoura."
(Lucas 2,8-12)

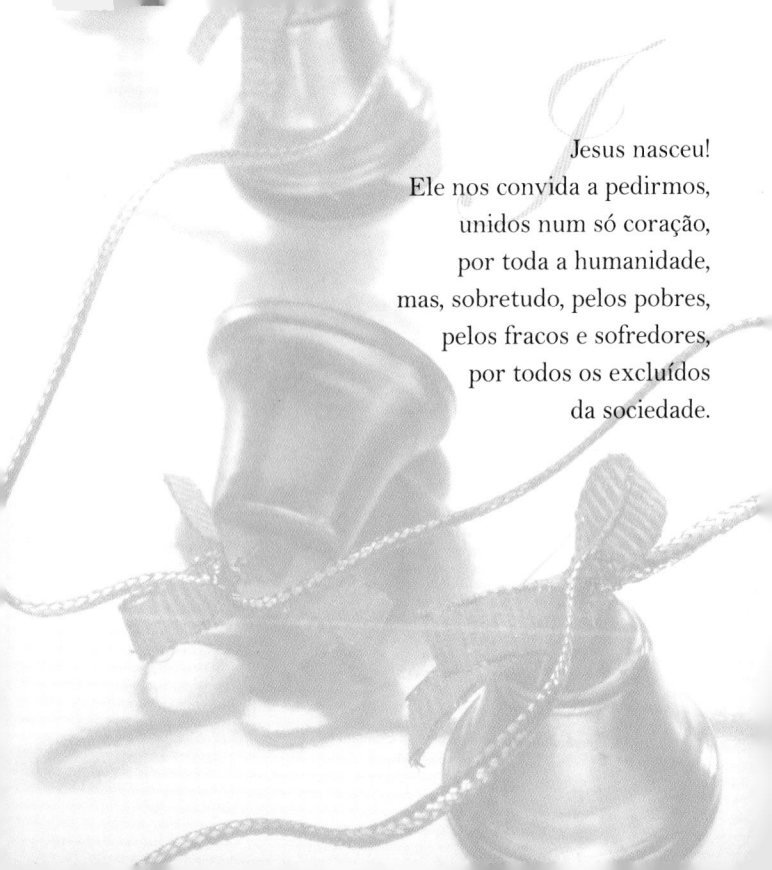

Jesus nasceu!
Ele nos convida a pedirmos,
unidos num só coração,
por toda a humanidade,
mas, sobretudo, pelos pobres,
pelos fracos e sofredores,
por todos os excluídos
da sociedade.

Quando o Verbo de Deus se fez homem,
adaptou-se ao modo de viver do mundo:
fez-se criança, fez-se filho, fez-se trabalhador.
Mas transferiu para este mundo
o modo de viver de sua pátria celeste.
Quis que a humanidade e a Criação
se recompusessem numa nova ordem,
segundo a lei do amor.

Jesus renasce sempre e a cada dia
no coração dos pobres e humildes,
sempre abertos e disponíveis para os irmãos.
Neles é sempre Natal.

Natal é mistério repleto de esperança,
pois Deus assumiu nossa natureza:
fez-se um de nós.

De repente, juntou-se ao anjo uma multidão
do exército celeste cantando a Deus:
"Glória a Deus no mais alto dos céus,
e na terra, paz aos que são do seu agrado!"
Quando os anjos se afastaram deles, para o céu,
os pastores disseram uns aos outros:
"Vamos a Belém, para ver o que aconteceu,
segundo o Senhor nos comunicou".

Foram, pois, às pressas a Belém
e encontraram Maria e José,
e o recém-nascido deitado na manjedoura. [...]
Os pastores retiraram-se,
louvando e glorificando a Deus
por tudo o que tinham visto e ouvido,
de acordo com o que lhes tinha sido dito.

(LUCAS 2,13-20)

Jesus menino nos abençoe a todos
e encha nosso coração de alegria e paz!

O que faz um Natal feliz?
A vontade das pessoas!
Vontade de amar.
Porque amando se aprende a respeitar.
E respeitando, se aprende a compreender.
E compreendendo, não há discórdia.
E se não há discórdia, não há competições, não há luta.
E se não há luta, não há guerras.
E se não há guerras, não há sofrimento.
Sem sofrimento, há paz!

Celebrar o Natal
é celebrar a paz.
Que a força da esperança
e da alegria
que emanam da paz
estejam presentes em todos
os dias do novo ano,
e muito mais neste
Natal do Senhor.

Ó Jesus, que por amor
viestes morar entre nós,
consolai-nos em nossas dores,
fortalecei-nos em nossas fraquezas,
ajudai-nos a superar as dificuldades de cada dia,
enfim, abençoai-nos a todos!
Concedei-nos celebrar alegres
e felizes este Natal!

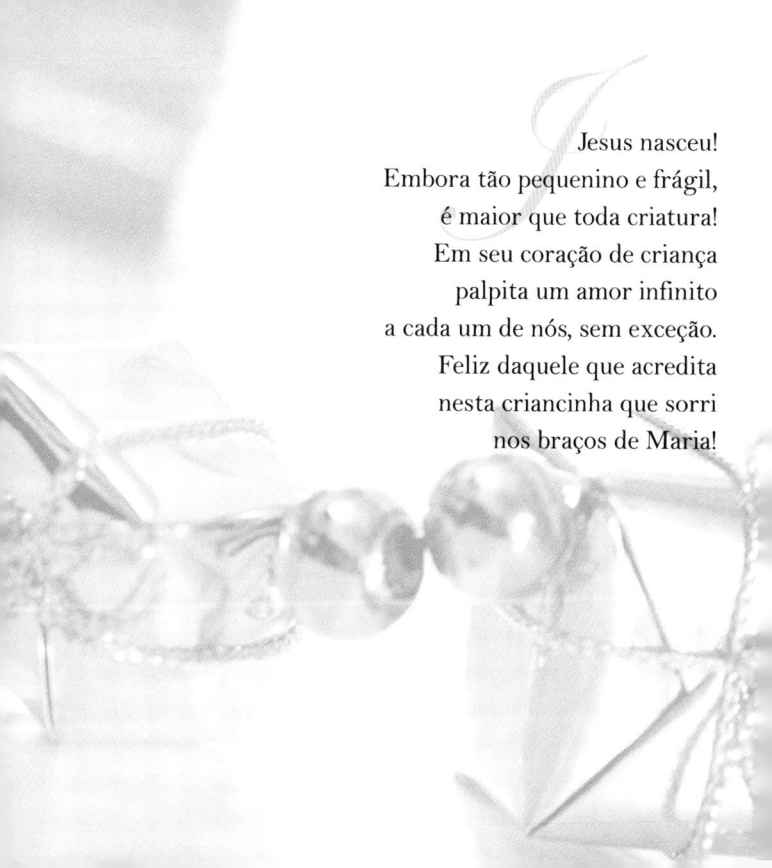

Jesus nasceu!
Embora tão pequenino e frágil,
é maior que toda criatura!
Em seu coração de criança
palpita um amor infinito
a cada um de nós, sem exceção.
Feliz daquele que acredita
nesta criancinha que sorri
nos braços de Maria!

"Paz na terra!"
Foi a alegre mensagem dos anjos
aos pastores de Belém
quando Jesus nasceu.
Essa paz prometida é expressão
da boa vontade de Deus
para com os homens.

Depois que Jesus nasceu [...],
alguns magos do Oriente
chegaram a Jerusalém, perguntando:
"Onde está o rei dos judeus que acaba de nascer?
Vimos a sua estrela no Oriente e viemos adorá-lo".
Ao saber disso, o rei Herodes ficou alarmado,
[...] e chamou, em segredo, os magos
e procurou saber deles a data exata
em que a estrela tinha aparecido. [...]
Depois que ouviram o rei, partiram.

E a estrela que tinham visto no Oriente
ia à frente deles, até parar
sobre o lugar onde estava o menino.
Ao observarem a estrela,
os magos sentiram uma alegria muito grande.
Quando entraram na casa,
viram o menino com Maria, sua mãe.
Ajoelharam-se diante dele e o adoraram.
Depois abriram seus cofres e lhe ofereceram presentes:
ouro, incenso e mirra.
Avisados em sonho para não voltarem a Herodes,
retornaram para a sua terra,
passando por outro caminho.
(Mateus 2,1-12)

Deixemo-nos guiar
pela estrela do Natal,
que é estrela de amor.
Então, não há como errar,
porque ela nos conduz a Jesus.
Ele nos espera e quer infundir
em nosso coração a vontade de fazer o bem,
de construir um mundo de paz.

O brilho das estrelas esteja
voltado para você neste Natal.
E derrame luz, paz
e prosperidade em seus caminhos.
Que seu Natal seja feliz, alegre,
juntamente com todos os seus queridos!

No Natal, vemos o menino Jesus
dizendo-se paz, dizendo-se luz,
dizendo-se caminho,
esperança de um mundo melhor.

Quando o céu de tua vida
se mostrar escuro, busca nele
a estrela brilhante da esperança: Maria!
Ela traz nos braços Jesus, o Salvador,
que tem os olhos sempre
voltados para todos nós!

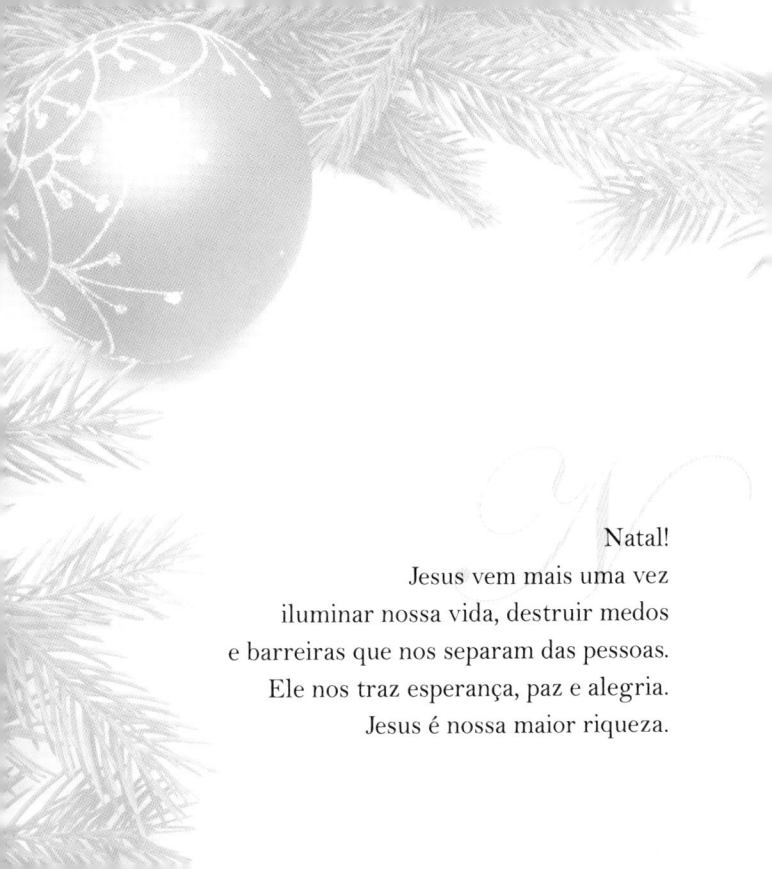

Natal!
Jesus vem mais uma vez
iluminar nossa vida, destruir medos
e barreiras que nos separam das pessoas.
Ele nos traz esperança, paz e alegria.
Jesus é nossa maior riqueza.

"Todos os confins da terra viram
a salvação do nosso Deus", diz o salmo.
E o mundo inteiro pede paz e salvação,
especialmente no Natal.
Peçamos sempre ao Deus Menino
que a humanidade seja
mais solidária,
mais justa e fraterna.

Que o nome de Jesus indique sempre
a direção certa na vida:
o amor, a paz, a justiça.
Jesus esteja sempre presente
em cada um de nossos dias.

Seja o nosso Natal cheio de paz,
ouvindo os sinos do amor fraterno,
da solidariedade e compreensão.

Natal!
Tempo de paz e alegria.
Que o mundo se dê conta do mal
que faz a si próprio quando busca a guerra,
longe de Deus e do amor ao próximo.
Natal: tempo de nos aproximarmos
mais de Deus e dos irmãos.

Diz uma lenda que os Magos, depois de deixarem Belém,
resolveram olhar para trás e tiveram então
uma belíssima surpresa: a estrela do Redentor
explodira em milhares de estrelinhas,
que se espalharam por toda parte.
Quando chegaram a uma encruzilhada,
um estranho apareceu e lhes indicou o caminho.
Na cabeça do estranho brilhava uma pequena estrela.
Quando à noite, numa hospedaria,
foram servidos amavelmente por uma pessoa,
também sobre sua cabeça brilhava uma estrelinha.
Então, os sábios entenderam: por toda parte do mundo,
onde surge um bom pensamento
ou se realiza um gesto de bondade,
aí brilha uma estrela, a estrela de Belém.
Que haja sempre uma estrela em nosso caminho!

Em cada Natal,
Deus repete sua oferta
aos homens e mulheres de boa vontade,
para que se deixem guiar
por sua sabedoria.

Natal é muito mais
que aparência: árvore,
música, enfeites, luzes...
Natal é o calor humano
que envolve
o coração das pessoas,
é a generosidade
de compartilhá-lo
com os demais,
é a esperança
de seguir adiante
com alegria e paz.

No oitavo dia, quando o menino devia ser circuncidado,
deram-lhe o nome de Jesus,
como fora chamado pelo anjo
antes de ser concebido no ventre da mãe.
E quando se completaram os dias da purificação [...],
levaram o menino a Jerusalém
para apresentá-lo ao Senhor,
conforme está escrito na Lei do Senhor [...].
Ora, em Jerusalém vivia
um homem piedoso e justo,
chamado Simeão,
que esperava a consolação de Israel.
O Espírito do Senhor estava com ele.
[...] Movido pelo Espírito, foi ao templo.

Quando os pais levaram
o menino Jesus ao templo [...],
Simeão tomou-o nos braços
e louvou a Deus, dizendo:
"Agora, Senhor, segundo a tua promessa,
deixas teu servo ir em paz,
porque meus olhos
viram a tua salvação, que preparaste
diante de todos os povos:
luz para iluminar as nações
e glória de Israel, teu povo".
(Lucas 2,21-32)

Natal é o momento de considerar em nosso coração
a mais bela e confortadora certeza de nossa fé:
Deus é Emanuel, é Deus-conosco, é um de nós.

Natal é tempo especial para agradecermos
a Deus por nos ter enviado Jesus,
que nos trouxe paz aos corações;
que nos deu sua mensagem de amor;
que nos deu o Espírito Santo.

Paz na terra aos homens de boa vontade.
Paz àqueles que anseiam
crescer, evoluir, entender;
aos que estendem a mão aos irmãos necessitados.
Paz também aos que transmitem no sorriso
a calma, a tranquilidade, o amor.

Cada criança que nasce
renova o Natal nos corações que a acolhem.
Jesus é a criança divina
que renova nosso coração,
sempre necessitado de paz e amor.

Jesus nasce,
o homem renasce.
Em cada coração há mais ternura,
mais desejo e sensibilidade,
para crer que tudo o que se vive não é em vão;
e agir, para tornar possível um mundo melhor!

Natal, porta para o novo ano,
é forte convite para fazer de novo.
Seja o que for, recomece!
A ousadia envolve talento, magia, força.
Natal é vida nova, é força que entra
e segue pelo ano que começa.

Que os sinos de Natal
anunciem
boas mensagens
de Natal e Ano-Novo,
e alegres anúncios
de amor e paz.

Que o espírito de Natal esteja sempre
muito presente em todos os dias
deste novo ano!

Que você tenha um Natal cheio de alegrias,
de harmonia e de tudo o que a nossa
caixinha de sonhos nos faz acreditar!
Que este novo ano seja uma porta aberta
para novos sonhos, renovações de fé
e de muita paz para o mundo.

Não existem limites para
os nossos sonhos.
Basta acreditar.

O menino foi crescendo,
ficando forte
e cheio de sabedoria.
A graça de Deus
estava com ele.
(Lucas 2,40)

*A luz de Cristo resplandeça
em seus caminhos,
hoje e sempre.
Para você e as pessoas que você ama,
desejo, de coração,
Feliz Natal e próspero Ano-Novo!*

Dados Internacionais de Catalogação na Publicação (CIP)
(Câmara Brasileira do Livro, SP, Brasil)

Feliz Natal! : de coração/ organização de Leonilda Menossi . – 3. ed. – São Paulo : Paulinas, 2011. – (Coleção de coração)

ISBN 978-85-356-3009-1

1. Natal - Citações, máximas etc. I. Menossi, Leonilda. II. Série.

11-14118   CDD-808.882

Índice para catálogo sistemático:

1. Natal : Citações : Coletâneas : Literatura   808.882

Os textos das pp. 6, 7, 21 são de autoria de L. Menossi; p. 23, de Jane Lagares. Quanto aos demais, foram feitos todos os esforços para identificar seus autores; caso tenha havido alguma violação involuntária de direitos, pede-se às partes interessadas que entrem em contato com a editora.

Direção-geral: Flávia Reginatto

Editora responsável: Andréia Schweitzer

Revisão: Marina Siqueira e Ruth Kluska

Direção de arte: Irma Cipriani

Assistente de arte: Sandra Braga

Gerente de produção: Felício Calegaro Neto

Projeto gráfico: Telma Custódio

3ª edição – 2011
3ª reimpressão – 2021

Nenhuma parte desta obra poderá ser reproduzida ou transmitida por qualquer forma e/ou quaisquer meios (eletrônico ou mecânico, incluindo fotocópia e gravação) ou arquivada em qualquer sistema ou banco de dados sem permissão escrita da Editora. Direitos reservados.

Paulinas
Rua Dona Inácia Uchoa, 62
04110-020 – São Paulo – SP (Brasil) – Tel.: (11) 2125-3500
http://www.paulinas.com.br – editora@paulinas.com.br
Telemarketing e SAC: 0800-7010081
© Pia Sociedade Filhas de São Paulo – São Paulo, 2010